MIGUEL HERNÁNDEZ PARA NIÑOS

Colección Alba y Mayo. Serie Poesía, N.º 1

FICHA BIBLIOGRÁFICA

HERNÁNDEZ, Miguel

Miguel Hernández para niños / Edición preparada y prologada por Francisco Esteve; dibujos de Lorenzo Olaverri. —7.ª ed.— Madrid: Ediciones de la Torre, 1997. —125 pp., (8) p. de lám.; 15 x 21 cm.— (Colección Alba y Mayo. Serie Poesía; n.º 1).
D. L.: M. 43.203-1997   ISBN: 84-85866-88-6

I. Esteve, Francisco, ed. lit. II. Olaverri, Lorenzo, il. III. Título.
087.5:860- 1"19"

MIGUEL HERNÁNDEZ
PARA NIÑOS

Edición preparada por
Francisco Esteve

Ilustraciones de
Lorenzo Olaverri

Séptima edición

EDICIONES DE LA TORRE
MADRID, 1997

Francisco Esteve Ramírez, alicantino como Miguel Hernández, es doctor en Ciencias de la Información por la Universidad Complutense de Madrid. Admirador y estudioso de la obra hernandiana, ha realizado diversos trabajos de investigación y difusión sobre este poeta. A su esfuerzo e interés se debe la publicación, por primera vez en España, de la Obra Poética completa de Miguel Hernández, en 1976, así como la creación de la Asociación de Amigos de Miguel Hernández, de la que actualmente es vicepresidente. Ha pronunciado numerosas conferencias sobre este poeta, así como ha·publicado diversos artículos, destacando la publicación —en la revista *Posible*— de las cartas inéditas de Miguel Hernández, escritas durante su estancia en la cárcel de Alicante. Asimismo, ha sido impulsor de un Homenaje Nacional a Miguel Hernández, Antonio Machado y García Lorca, celebrado a finales de 1985.

Lorenzo Olaverri, pintor y experto dibujante en temas infantiles, ha sabido captar el mensaje profundo de los poemas hernandianos, haciendo una traducción pictórica para el presente libro. Cursó estudios en la madrileña Escuela de Bellas Artes de San Fernando y ha efectuado diversas exposiciones de sus obras por toda la geografía española.

© Herederos de Miguel Hernández
© De la introducción, Francisco Esteve
© De esta edición, incluyendo dibujos y diseño,
  EDICIONES DE LA TORRE
  Espronceda, 20 - 28003 Madrid
  Tel.: 442 77 93 - Fax: 442 59 40
  Correo electrónico: edicionesdelatorre@infornet.es
  ET Index: 073AMP01
  Primera edición: noviembre de 1979
  Segunda edición: septiembre de 1980
  Tercera edición: octubre de 1981
  Cuarta edición: diciembre de 1983
  Quinta edición: diciembre de 1985
  Sexta edición: diciembre de 1989
  Séptima edición: diciembre de 1997
  ISBN: 84-85866-88-6
  Depósito Legal: M. 43.203-1997
  Impreso en España / *Printed in Spain*
  Gráficas EFCA
  Polígono Industrial Las Monjas
  Torrejón de Ardoz (Madrid)

NOTA EDITORIAL

En estos últimos años unas determinadas necesidades sociales y una cierta toma de conciencia, pero también unos muy concretos intereses económicos y comerciales, han puesto al niño de moda. La Declaración de los Derechos del Niño, «su» Año Internacional, el auge de organismos nacionales o internacionales montados para «la protección de la infancia», y una constante referencia en los medios de comunicación social, consiguen que todo el mundo hable de los niños, de sus derechos, de su futuro... Sin embargo, si nos fijamos atentamente, comprobamos que gran parte de las personas y fuerzas sociales que han puesto al niño de moda y que se declaran sus primeros defensores, son los creadores o beneficiarios de unas estructuras —vivienda, entorno social, sanidad, escuela... por no hablar del hambre, la guerra, la explotación humana, etc.— antagónicas con el desarrollo feliz de la infancia.

El niño interesa a mucha gente pero en muchos casos no para hacerle feliz, sino para prepararle como ciudadano productor-consumidor. Incluso para hacerlo ya —a través de sus padres y otros «protectores»— un consumidor de primer orden: juguetes artificiosos y caros (las más de las veces negativos), ropas de moda, productos alimenticios sofisticados, discos... y libros. El niño es buen negocio, a veces más rentable aún que el consumidor adulto.

Naturalmente, el niño debe usar los productos culturales: juguetes, cine, teatro, discos, televisión, libros, deben hacerse pensando en los niños, siempre ansiosos de recibir información múltiple, curiosos de todo cuanto tenga imágenes, ideas, conceptos; siempre dispuestos a la experimentación, abiertos a todo tipo de mensajes. Concretamente, el libro infantil ejerce una gran atracción en los niños: la combinación de textos sencillos, las ilustraciones, el color, añaden a la gran manejabilidad del libro un encanto especial para el lector joven. Si bien los medios audiovisuales —radio, cine, TV— le pueden proporcionar algo tan necesario para él como es la comunicación directa a través de sus sentidos y emociones, el libro le inicia en el mundo de las ideas, de lo abstracto, fundamental para un aprendizaje analítico y garantía de desarrollo de su capacidad crítica.

Pero en todo caso hay que comprender que no existen mensajes neutros, y mucho menos los que se envían al niño por cualquier medio. Todos conducen a una u otra concepción del mundo. Debemos buscar para nuestros hijos los medios de formación que cubran la más amplia gama de sus capacidades sensitivas e intelectuales, para ayudarles en su desarrollo humano pleno y acrecentar su capacidad de enfrentarse a las manipulaciones de todo tipo que les amenazan. Igual que los medios audiovisuales, en muchas ocasiones, pueden buscar y conseguir efectos nefastos como la pasividad, el gregarismo, etc., no todos los libros que se ofrecen al niño son idóneos para su desarrollo humano y social. Los padres y educadores han de elegir cuidadosamente, sabiendo que detrás de cada cuento, de cada poema, de cada texto o historieta, hay siempre una determinada ideología.

En la programación de *Alba y mayo*, la colección que Ediciones de la Torre abre ahora, se han tenido en cuenta las consideraciones anteriores. Queremos ayudar al niño que tiene o está adquiriendo la necesidad y el placer de la lectura, mediante la aportación de libros que aúnen un contenido abierto y avanzado, exento de sectarismos y partidismos, con una forma cuidada y agradable a su sensibilidad; huyendo del libro lujoso y caro, que es innecesario y nos alejaría de nuestro programa general y de nuestros amigos, buscando en definitiva colaborar, dentro de nuestras muy modestas posibilidades, al desarrollo desde la infancia del gusto por la imagen y la letra impresas como vía del conocimiento crítico del mundo.

Nada mejor, en nuestra opinión, para encabezar esta colección que la antología de Miguel Hernández para niños preparada por Francisco Esteve e ilustrada por Lorenzo Olaverri. Hernández es en su vida y en su obra un canto a la lucha por la liberación de los sentidos y los actos, un viento que lleva a conseguir la plenitud. Si el poeta de Orihuela escribió quizá las poesías más tristes y realistas sobre la condición infantil —fruto de sus propias vivencias y de una atención honesta y penetrante a la realidad que le rodeaba— también compuso los poemas más hermosos y llenos de vida. Como ese «Niño», del que hemos extraído el nombre de nuestra colección:

Asciende, rueda, vuela,
creador del alba y mayo

Septiembre 1980
Ediciones de la Torre

NOTA A LA QUINTA EDICIÓN

La presente edición ha sido totalmente revisada y ampliada, accediendo así a las distintas sugerencias que hemos recibido. La calurosa acogida que ha tenido esta obra —con cinco ediciones en un corto espacio de tiempo— nos ha motivado a enriquecerla con nuevas aportaciones, tanto en la parte introductoria como en la antología. Sabemos que esta obra no sólo es leída por los niños, sino que también se ha puesto como texto recomendado de lectura en institutos y otros centros docentes. Por ello hemos considerado conveniente ofrecer la posibilidad de diversas lecturas, según las edades y conocimientos. Así, se ha ampliado la cronología para que pueda servir de orientación básica y fundamental a los lectores menos iniciados en la vida y obra hernandiana, reservando la parte introductoria —que también se ha ampliado— a los lectores más interesados en profundizar en los aspectos biográficos y bibliográficos del poeta Miguel Hernández.

Cabe destacar, igualmente, la incorporación de nuevos poemas en la selección antológica que ayudará, sin duda, a conocer más ampliamente la obra hernandiana. Merece especial mención la novedad introducida en esta edición, al incorporar —por vez primera en libro— once poemas inéditos de Miguel Hernández, que pertenecen a su etapa del *Cancionero y Romancero de ausencias* y que han sido desvelados recientemente por la revista alicantina *Canelobre*.

La selección de poemas de la presente antología se ha realizado en base a criterios didácticos, buscando una ordenación lógica y progresiva. Se ha desechado, por tanto, una ordenación cronológica o bibliográfica. A fin de facilitar una comprensión global de la obra hernandiana se expone, a continuación, una ordenación de los poemas seleccionados para esta antología, agrupándolos en sus correspondientes libros. Aquellos poemas que no pertenecen a un determinado libro se agrupan, al final, bajo el epígrafe «Poemas no incluidos en libro».

De *Primeros poemas*
  Balada de la juventud
  En cuclillas ordeño.
De *Silbos*
  El silbo de las ligaduras
  Silbo del dale.
De *El rayo que no cesa*
  Elegía (a Ramón Sijé).
De *Viento del pueblo*
  Aceituneros

El niño yuntero
El sudor.

De *Cancionero y romancero de ausencias*
Ausencia en todo veo
Bocas de ira
Cerca del agua te quiero llevar
Cogedme, dejadme
Como la higuera joven
Con dos años, dos flores
Cuerpo del amanecer
De la contemplación
El azahar de Murcia
El corazón es agua
El sol, la rosa y el niño
En este campo
Enciende las dos puertas
Enterrado me veo
Escribí en el arenal
Los animales del día
Llegó con tres heridas
Me tendí en la arena
Menos tu vientre
Mi casa contigo era
Nanas de la cebolla
Niño
No puedo olvidar
No te asomes
Quise despedirme más
Todas las casas son ojos
Tristes guerras
Uvas, granadas, datiles.

Poemas no incluidos en libros
A mi hijo
Cuando respiras me hieres
¿Cuándo vas a volver?
Cuerpos, soles, alboradas
Dos cantares
Duérmete, pena
Este molino donde
Las desiertas abarcas
Limón

Me descansa
Niña al fin
Olores
Pongo cara de herido
Por la voz de la herida
Reloj acústico
Ser onda, oficio, niña, es de tu pelo
Sobre el cuerpo de la luna
Suave aliento suave
Te escribo y el sol.

Deseamos que el esfuerzo realizado para la adaptación de esta nueva edición de *Miguel Hernández para niños* sirva para que, tanto los niños como los mayores, vayamos conociendo más y mejor la vida y obra de este gran hombre y poeta cuyo destino es —según él mismo manifestó— «parar en las manos del pueblo. Sólo esas honradas manos pueden contener lo que la sangre honrada del poeta derrama vibrante».

Bibliografía básica

De la amplia bibliografía existente sobre la vida y obra de Miguel Hernández, seleccionamos aquellos libros que pueden ser de especial utilidad para los jóvenes lectores.

I.—OBRAS DE MIGUEL HERNÁNDEZ

Obra poética completa. (Preparación y estudio de Leopoldo de Luis y Jorge Urrutia.) Editada en Zero-Zyx. Madrid, 1976. Alianza Editorial. Madrid, 1982.
   Esta obra, editada primero en Zero-Zyx y, posteriormente, en Alianza Editorial, consta de una amplia y cuidada introducción biográfica y bibliográfica, seguida de la más completa y actualizada edición de la poesía de M. Hernández.
Teatro completo. Edit. Ayuso. 28008 Madrid, 1978.
   Se trata de la edición más completa de la producción teatral de Miguel Hernández.
Poemas. Antología. Plaza y Janés. Barcelona, 1964.
   Seleccionada antología de los principales poemas de M. Hernández.

II.—BIOGRAFÍAS

Ifach, María de Gracia. *Miguel Hernández, rayo que no cesa.* Plaza y Janés. Barcelona, 1975.
Es la biografía más amplia y completa sobre M. Hernández. De obligada consulta para quien quiera conocer a fondo la vida de este poeta.

Ifach, María de Gracia. *Vida de Miguel Hernández.* Plaza y Janés. Barcelona, 1982.
Es una edición, resumida, de la anterior obra de la misma autora. Está especialmente dirigida a los jóvenes.

Manresa, Josefina. *Recuerdos de la viuda de Miguel Hernández.* Ediciones de la Torre. Madrid, 1980.
Se revelan, en esta obra, aspectos inéditos de la vida de este poeta contados por su propia viuda.

Muñoz Hidalgo, Manuel. *Cómo fue Miguel Hernández.* Planeta. Barcelona, 1975.
Tiene esta biografía abundante material gráfico, que hace amena su lectura.

Sorel, Andrés. *Miguel Hernández, escritor y poeta de la revolución.* Zero-Zyx. Madrid, 1976.
Biografía política y social de M. Hernández.

Zardoya, Concha. *Miguel Hernández. Vida y obra.* Hispanic Institut. New York, 1955.
Es una de las primeras biografías que se escribieron sobre Miguel Hernández. Ahora resulta difícil su adquisición.

III.—COMENTARIOS LITERARIOS

Benito de Lucas, Joaquín. *Literatura de la postguerra: La poesía.* Cincel. Madrid, 1984.
Introducción a la poesía hernandiana, enmarcada en la Generación poética del 36.

Cano Ballesta, Juan. *Miguel Hernández. El hombre y su poesía.* Cátedra. Madrid, 1977.
Antología poética comentada.

Güereña, Jacinto-Luis. *Miguel Hernández. Poesía.* Narcea Ediciones. Madrid, 1973.
Documentado estudio crítico de la obra hernandiana.

Sánchez Vidal, Agustín. *Miguel Hernández. Perito en lunas y el rayo que no cesa.* Alhambra. Madrid, 1976.
Minucioso análisis literario de dos importantes libros de Miguel Hernández.

INTRODUCCIÓN

Siempre resulta agradable hablar de los amigos. Por ello, me satisface iniciar con vosotros esta conversación sobre una persona que, seguramente, ya conoceréis a través de sus poesías, y la lectura de libros publicados sobre su vida. También habréis tenido conocimiento de su obra a través de muchas canciones interpretadas por cantantes famosos y que han tenido como letra poemas de Miguel Hernández. Estoy seguro de que, conforme le conozcáis mejor, vuestro aprecio y admiración por él será cada vez mayor.

Este es el objetivo principal del presente libro. Acercaros la vida y obra de Miguel Hernández para que, a través de su lectura, vayáis descubriendo a uno de los poetas más importantes que ha tenido la lengua castellana. Vicente Aleixandre, Pablo Neruda, Juan Ramón Jiménez, Federico García Lorca, Rafael Alberti, Antonio Machado y otros muchos supieron descubrir en este poeta a una de las voces más puras y auténticas de la poesía española. Así lo manifestaba Juan Ramón Jiménez: «Que no se pierda esta voz, este acento, este aliento joven de España».

Recojamos, pues, esta voz y hagámosla nuestra. Que el mayor conocimiento de la vida, obra y pasiones de este gran poeta nos lleve a difundir su mensaje de amor y justicia, tal como él deseaba:

> Que mi voz suba a los montes
> y baje a la tierra y truene,
> eso pide mi garganta
> desde ahora y desde siempre.

Su vida

«Barro soy, aunque Miguel me llame...»

Orihuela se encuentra situada en la parte sur de la provincia de Alicante, lindando ya con Murcia. El río Segura cruza la ciudad fertilizando su rica huerta. Palmeras, naranjos y limoneros rodean la ciudad por sus cuatro costados en un cálido abrazo lleno de luz y color. Un viejo castillo moro y un amplio edificio destinado a seminario diocesano coronan, desde lo alto de una sierra, la vega y la ciudad. Traspasando la artística puerta que daba acceso al antiguo camino de Alicante, se llega a la calle San Juan, estrecha vía llena de iglesias y conventos. En el número 82 de esta calle nació Miguel Hernández, el día 30 de octubre de 1910. Sus padres, Miguel y Concepción, habían tenido ya otros dos hijos: Vicente y Elvira. El padre de Miguel se dedicaba a la cría y comercio de ganado por lo que el nacimiento del nuevo hijo le llenó de satisfacción al pensar que sería de gran ayuda en la continuación del negocio familiar.

A los tres años de nacer Miguel se traslada la familia a una casa más amplia, en la calle de Arriba, actualmente denominada calle Miguel Hernández. Allí tienen ya un pequeño patio para albergar el ganado y un reducido jardín que Miguel utiliza para sus juegos infantiles y, posteriormente, para dedicarse a la lectura y composición de sus primeros poemas.

A escasos metros de su casa se encuentra situado el monumental colegio de Santo Domingo, regentado entonces por los jesuitas. Allí acude Miguel, en calidad de alumno pobre, a recibir sus primeras y únicas enseñanzas. Su etapa escolar es muy reducida ya que sólo abarca desde los ocho a los catorce años, pero es intensamente aprovechada por este niño que busca con avidez saciar su sed de formación y cultura. Las excelentes notas que recibe al final de cada curso son el justo premio a su interés y esfuerzo.

«De la vida soy pastor»

A Miguel Hernández le llamaban el «pastor poeta» porque de pequeño se dedicaba a cuidar el ganado que tenía su padre. Al cumplir los catorce años, su padre le saca del colegio para que le ayude en el pastoreo de las cabras. Esta brusca paralización de sus estudios supone un fuerte trauma para Miguel, que ve así truncada su aspiración de adquirir una sólida formación cultural. Pero la decisión paterna no impide que Miguel siga cultivando su inquietud cultural y, sobre todo, literaria. En su zurrón de pastor no olvidaba poner cada mañana, junto con la comida que le preparaba su madre, algunos libros de poesía que le distraían en sus largas horas de soledad. Gabriel Miró, Vicente Medina, Gabriel y Galán, Garcilaso, Rubén Darío, San Juan de la Cruz, etc., serían sus autores preferidos.

Poco a poco fue familiarizándose con el estilo de aquellos poetas que leía con tanta avidez y le entraron ganas de imitarles. Así empezó a hacer sus «pinitos» poéticos sin que nadie le echara una mano. De tal forma le gustaba escribir poesías que, en más de una ocasión, le tuvo que reñir su padre por habérsele escapado alguna cabra o porque algún hortelano se quejaba de que las cabras del «poeta» se comían las habas de sus huertos. De forma humorística describe Miguel estas travesuras pastoriles en uno de sus primeros poemas:

¡Ay! Perdonadme un momento.
Voy a echarle una pedrada
a la «Luná», que se ha ido
artera a un bancal de habas,
y el huertano dueño de ellas
me está gritando desgracias.

Miguel Hernández nunca renunciaría a su condición primera de pastor. En el reportaje aparecido en la revista *Estampa* se presenta como el «cabrero poeta», y cuando su amigo Pablo Neruda le ofrece la posibilidad de buscarle algún trabajo en Madrid, él le sugiere desempeñar su oficio de pastor.

«Compañero del alma, compañero»

La adolescencia de Miguel Hernández se desarrolla entre su trabajo de pastor, sus juegos juveniles, sus lecturas y, sobre todo, sus tertulias con sus amigos y compañeros. Carlos Fenoll, Ramón Sijé —a quien dedicaría su famosa «Elegía»—, Jesús Poveda, José Murcia, etc. Este grupo de amigos solía reunirse en la tahona de la familia Fenoll, situada a escasos metros de la casa de Miguel, en la misma calle Arriba. A estos jóvenes no les une sólo la edad o el haber estudiado en el mismo colegio. El principal motivo que les aglutina es su común inquietud literaria. En las habitaciones altas del horno se reúnen casi todas las tardes para leer libros, comentar novedades literarias y, especialmente, para recitar los poemas que iban creando. En esta «escuela poética» va perfilando Miguel sus primeras creaciones, algunas de las cuales aparecerían publicadas en diversos periódicos locales.

Estos balbuceos poéticos de Miguel no fueron comprendidos por muchos de sus paisanos, algunos de los cuales se burlaban de él por estas aficiones «un tanto extrañas». Pero él no se desanimó por estas críticas, sino que, ayudado y animado por el grupo de jóvenes amigos, siguió avanzando en su vocación literaria. Empieza a recitar poemas en actos públicos y sociales de Orihuela y, en 1931, consigue un premio por su «Canto a Valencia», poema que había presentado a un concurso convocado por el Orfeón Ilicitano de Elche. Este premio, consistente en una escribanía, supone un importante aliciente para el joven Miguel que así ve reconocida su obra.

«Eres mi casa, Madrid, mi existencia»

Los amigos de la tertulia oriolana animan a Miguel a viajar a Madrid para buscar allí el apoyo y el aliciente que no encuentra en su ciudad natal. Allí se daría a conocer y alcanzaría la fama. Estaban todos seguros de ello. Pero no era fácil encontrar el dinero necesario para tal aventura. Entre todos los amigos reúnen unas cuantas pesetas y Miguel, ni corto ni perezoso, se marchó a la capital de España con una pequeña maleta vieja en la que llevaba, como todo equipaje, una muda limpia que le había preparado su madre, un bocadillo para la cena, cuartillas con poesías y recortes de sus poemas publicados en los periódicos locales. Esta era toda su fortuna. Con esto y un gran montón de ilusiones subió al viejo tren que lo llevaría a Madrid. Contaba entonces Miguel 21 años de edad. El poeta se encuentra sólo en la gran ciudad, lejos de su tierra y su gente. Echa de menos su «huerto y su higuera». La ciudad le resulta extraña y amenazante:

Alto soy de mirar a las palmeras,
rudo de convivir con las montañas...
Yo me vi bajo y blando en las aceras
de una ciudad espléndida de arañas.
Difíciles barrancos de escaleras,
calladas cataratas de ascensores,
¡qué impresión de vacío!,
ocupaban el puesto de mis flores,
los aires de mis aires y mi río.

Al ver que no consigue sus objetivos, harto de llamar inútilmente a las puertas de quienes le podían ayudar y sin un céntimo en los bolsillos, decide Miguel volver a su pueblo, después de pasar seis meses en la capital de España. Pero en el viaje de regreso es detenido por la Guardia Civil en la estación de Alcázar de San Juan, por no estar debidamente documentado. Allí permanece encerrado durante tres días. Esta sería su primera, pero no última detención.

A pesar de este fracaso intenta de nuevo la «aventura madrileña» y, en 1934, repite el viaje. Esta vez va con más ánimos, ya que, el año anterior, había conseguido publicar su primer libro, titulado *Perito en lunas*. En este nuevo viaje a Madrid conoce Miguel al poeta chileno Pablo Neruda, que tanto le ayudaría en su perfeccionamiento poético. Igualmente encuentra en Vicente Aleixandre a un verdadero amigo y un auténtico hermano. Pero la estancia de Miguel en Madrid se ve ensombrecida con la noticia de la muerte de su amigo de la infancia, Ramón Sijé. Como sentido homenaje a su memoria le dedica la famosa «Elegía».

Yo quiero ser llorando el hortelano
de la tierra que ocupas y estercolas,
compañero del alma, tan temprano.
. . . .
No hay extensión más grande que mi herida,
lloro mi desventura y sus conjuntos
y siento más tu muerte que mi vida.

Miguel va situándose en Madrid y abriéndose camino en el mundo literario de la época. Encuentra trabajo como colaborador de José María Cossío en la redacción y preparación de su obra enciclopédica *Los*

2

toros. La producción poética y literaria de Miguel va en aumento. Aparecen nuevos poemas suyos en diversas publicaciones, así como obras de teatro y colaboraciones periodísticas. Todo este trabajo suyo culminaría con la publicación de su libro *El rayo que no cesa*, obra de gran importancia que recoge el caudal amoroso del poeta hacia su gran musa: Josefina Manresa.

«Tristes guerras / si no es amor la empresa»

Al estallar la guerra civil, en 1936, Miguel se enrola en el ejército republicano compartiendo su vida militar con sus actividades poéticas. Su hondo sentido de la justicia y su experiencia de pobreza y sufrimiento le inclina a defender la causa de los trabajadores y los pobres. A las pocas semanas de iniciarse la guerra es asesinado Federico García Lorca en Granada. La temprana muerte de García Lorca, admirado amigo de Miguel, le llena de una gran tristeza que plasma en su elegía al poeta asesinado:

> Rodea mi garganta tu agonía
> como un hierro de horca
> y pruebo una bebida funeraria.
> Tú sabes, Federico García Lorca,
> que soy de los que gozan una muerte diaria.

En su calidad de Comisario de Cultura, Miguel viaja por diversos lugares de la geografía española pronunciando conferencias, representando obras de teatro y recitando sus poemas. Algunos de sus poemas se imprimen en tarjetas y octavillas para ser repartidos entre los soldados, y varios de estos poemas son cantados por la noche en las trincheras para elevar la moral de los luchadores:

> Déjame que me vaya
> madre, a la guerra.
> Dejame, blanca hermana,
> novia morena.
> ¡Déjame!
> Y después de dejarme
> junto a las balas,

mándame a la trinchera
besos y cartas.
¡Mándame!

Invitado por el Ministerio de Instrucción Pública, asiste en Moscú al V Festival de Teatro Soviético, volviendo deslumbrado al ver la importancia que se daba en la Unión Soviética a las actividades culturales. Al regreso encuentra Miguel que ha salido ya de la imprenta su libro de guerra *Viento del pueblo*. En este libro, dedicado a Vicente Aleixandre, se encuentran conocidos poemas, como «El niño yuntero», «Vientos del pueblo me llevan», «Andaluces de Jaén»...

Andaluces de Jaén,
aceituneros altivos,
decidme en el alma: ¿quién,
quién levantó los olivos?
No los levantó la nada,
ni el dinero, ni el señor,
sino la tierra callada,
el trabajo y el sudor.

Miguel Hernández ha sido considerado por muchos historiadores como el poeta más representativo de la guerra española. Así Hugh Thomas dice: «El más notable era sin duda Miguel Hernández. La guerra civil había provocado en él una súbita explosión de actividad poética». Y, efectivamente, Miguel se multiplica en un sinfín de actividades políticas y culturales. El poeta participa activamente en *El Altavoz del Frente*, plataforma de animación cultural entre los soldados. Asimismo publica cuatro piezas breves, en prosa, bajo el título *Teatro en guerra*, así como su obra dramática *El labrador de más aire*. A punto de finalizar la guerra edita Miguel su libro de poemas *El hombre acecha*, que dedica a su amigo Pablo Neruda.

«He poblado tu vientre de amor y sementera»

El 9 de marzo de 1937, en plena guerra, se casa Miguel con Josefina Manresa, su novia de Orihuela a la que dedicó tantos poemas de amor. La joven pareja se traslada a vivir a Cox, un pequeño pueblo cercano a Orihuela y allí se instalan en una humilde casa, propiedad de unos familiares de Josefina. Poco tiempo pueden estar juntos, ya que Miguel tiene que desplazarse al frente en repetidas ocasiones. Encontrándose Miguel en la batalla de Teruel recibe la noticia del nacimiento de su hijo, al que pone el nombre de Manuel Ramón en recuerdo de su abuelo materno y de Sijé. Pero poco le dura la felicidad, ya que, a los diez meses, muere este primer hijo en el que tantas ilusiones y esperanzas había depositado.

> Cuerpo del amanecer:
> flor de la carne florida.
> Siento que no quiso ser
> más allá de flor tu vida.

El dolor de esta pérdida se ve compensado con la alegría del nacimiento de su segundo hijo, Manuel Miguel, el 4 de enero de 1939, a escasos meses de finalizar la guerra. Una carta de su esposa, en la que le explica las estrecheces económicas que están pasando, alimentándose sólo de pan y cebollas, le inspira a Miguel una de las más bellas nanas de la poesía española:

> En la cuna del hambre
> mi niño estaba.
> Con sangre de cebolla
> se amamantaba.

«Las cárceles se arrastran por la humedad del mundo»

Al terminar la guerra, en 1939, Miguel intenta pasar a Portugal, pero es detenido en la misma frontera y entregado a la Guardia Civil. Trasladado a la prisión de Rosal de la Frontera pasa luego a la de Huelva, a la de Sevilla y, finalmente, a la prisión celular de la calle Torrijos en Madrid. Allí empieza a escribir su libro *Cancionero y romancero de ausencias*, en el que manifiesta su honda amargura por la situación que atraviesa y su profunda preocupación por su esposa y su hijo.

> ¿Quién llenará este vacío
> de cuerpo desalentado
> que dejó tu cuerpo al mío?

Puesto, inesperadamente, en libertad provisional, viaja hasta Orihuela para abrazar a sus seres queridos. Pero la desgracia le persigue —«tengo estos huesos hechos a la pena»— y en Orihuela, su pueblo querido, es nuevamente detenido al haber sido denunciado por un paisano suyo. Miguel tiene que pasar la vergüenza de ser conducido esposado por las calles de su ciudad natal —«¡Orgullo mío! ¡Orgullo del que viera / en tu suelo feraz la luz primera!...»—. La Guardia Civil le lleva hasta el Seminario —entonces convertido en Penal—, pasando por los lugares donde él solía pastorear sus cabras de pequeño, en su sierra oriolana. ¡Cómo vendrían a su mente aquellos tiempos en los que pasaba largas horas con su ganado en estos mismos parajes que ahora cruzaba esposado!

> ¡Ay!, ¿dónde está mi cumbre,
> mi pureza, y el valle del sesteo
> de mi ganado aquel y su pastura?

Tras pasar dos meses en los calabozos situados en los sótanos del Seminario oriolano es trasladado a la prisión madrileña ubicada en la plaza del Conde de Toreno, donde se encuentra con Antonio Buero Vallejo con el que trabó una gran amistad, quedando como testimonio de la misma el famoso retrato que le hizo Buero y que ha dado la vuelta al mundo. A Miguel le juzga un Consejo de Guerra, acusándole de haber escrito poesías en contra del fascismo y, por ello, le condenan a la pena de muerte que, tras la presión de numerosas personalidades nacionales y extranjeras, sería posteriormente cambiada por treinta años de prisión.

Miguel continúa su calvario de cárceles. De Madrid es trasladado a la Prisión Provincial de Palencia de la que, pasados dos meses, sale camino del Penal de Ocaña. Allí le reciben viejos amigos suyos de la guerra y de anteriores cárceles que le ofrecen, a su llegada, una cariñosa cena preparada con los escasos alimentos que cada uno tenía. La miseria, las enfermedades y el alejamiento de su esposa y su hijo van minando el cuerpo de este pastor-poeta, acostumbrado al campo y la montaña, y que se ve ahora encerrado entre cuatro paredes. Sin embargo, aún le quedan ánimos para escribir a su mujer animándole en su soledad. Asimismo prepara juguetes de madera para su hijo y compone poemas para sus compañeros de prisión. De esta forma intenta paliar la amargura de una injusta situación:

¿Qué hice para que pusieran
a mi vida tanta cárcel?

«Varios tragos es la vida / y un solo trago la muerte»

Enfermo y desesperanzado es trasladado al Reformatorio de Alicante, su tierra, donde se consuela con las visitas de su mujer, su hijo y familiares. Cada viernes acude su mujer a la cárcel para llevarle algo de alimento y medicinas. Miguel tiene ocasión de abrazar a su hijo el 24 de septiembre, fiesta de la patrona de los presos, Nuestra Señora de la Merced. Estos encuentros con su familia le dan ánimos para soportar las penalidades carcelarias, pero la enfermedad va robándole la vida poco a poco.

Yo que creí que la luz era mía
precipitado en la sombra me veo.
Ascua solar, sideral alegría
ígnea de espuma, de luz, de deseo.

Miguel se siente cada vez peor. La enfermedad se le agudiza y tiene que guardar cama en la enfermería de la prisión. Ya no puede acudir al locutorio para hablar con su mujer. Sus compañeros tienen que escribirle las cartas porque ha perdido sus fuerzas. En estas lacónicas cartas le pide a su mujer algodón, gasas y medicinas. Le efectúan una pequeña operación de pulmón, pero sin resultado positivo. La vida se le escapa paulatinamente.

Me voy, me voy, me voy, pero me quedo
pero me voy, desierto y sin arena:
adiós, amor, adiós, hasta la muerte.

El 28 de enero de 1942, a los 31 años de edad, muere Miguel Hernández en la enfermería de la prisión de Alicante. Según sus compañeros de habitación, sus últimas palabras estuvieron dedicadas a su mujer: «¡Ay, Josefina, qué desgraciada eres!». Un pequeño grupo de familiares y amigos incondicionales le acompañaron hasta el cementerio de Alicante, donde se encuentra enterrado su cuerpo en una sencilla sepultura. Una breve inscripción en la lápida nos recuerda que allí reposan los restos de uno de los más grandes poetas de nuestra literatura.

Aunque bajo la tierra
mi amante cuerpo esté,
escríbeme a la tierra,
que yo te escribiré.

Su obra

La obra literaria de Miguel Hernández comprende la poesía, el teatro y la prosa. Pero donde más destacó Miguel, y es más conocido, es por su producción poética. Aunque vivió poco tiempo —sólo 31 años—, escribió muchas y muy importantes poesías. En total escribió cinco libros de poesía, además de numerosos poemas sueltos. Asimismo publicó cuatro obras de teatro y diversos escritos en prosa.

Primeros poemas

A los 18 años ya empieza a publicar algunos poemas en periódicos y revistas de su ciudad. Los temas que toca Miguel en estas primeras poesías son, principalmente, relacionados con el ambiente y el paisaje que le rodea. Así tiene poemas dedicados a la palmera, a la huerta, a los limoneros, a la chumbera, a los corderos, etc.

¡La palmera levantina!
La que arranca
la primera hebra de luces
a la aurora blanca.

Estos primeros ensayos poéticos de Miguel descubren, en su propia sencillez, a un gran poeta en ciernes. Hernández va perfilando, a través de estos apuntes iniciales, la figura que, pocos años más tarde, deslumbrará a propios y extraños.

Perito en lunas

El primer libro que publicó Miguel se imprimió en Murcia, en enero de 1932, cuando contaba el poeta 21 años de edad. En esta etapa está muy influenciado por el poeta Góngora, a quien los poetas españoles dedicaron un homenaje por aquellos años. Góngora, que nació en 1561 en Córdoba, se destaca por usar un estilo bastante oscuro y rebuscado en su poesía. Miguel Hernández también usa este estilo en su primer libro poético *Perito en lunas*, empleando muchas metáforas (figura retórica que consiste en usar palabras o frases en sentido figurado). Así, llama a la fosa «túnel de las flores», a la palmera la denomina «columna con desenlace de surtidor», y a las veletas las llama «danzarinas en vértices cristianos», porque suelen estar colocadas en lo alto de las iglesias.

El libro consta de 42 octavas reales. Según la métrica —o ciencia que trata del ritmo y combinaciones de los versos—, las octavas reales están formadas por estrofas de ocho versos endecasílabos, o de once sílabas, cada uno, rimando alternamente los seis primeros versos y finalizando los dos últimos en pareado. Este tipo de poemas fue bastante utilizado por los clásicos españoles, sobre todo para los temas de carácter épico, dada su gran sonoridad.

Según Federico García Lorca, en carta que le escribió a Miguel, *Perito en lunas* «es fuerte, tiene muchas cosas de interés y revela a los buenos ojos 'pasión de hombre'». La lectura de este libro resulta algo difícil, ya que está escrito de una forma críptica, al describir las cosas reales de una forma alegórica e imaginativa. Así, por ejemplo, define a la granada como «enciclopedia del rubor», refiriéndose a la rojez de este fruto. Posteriormente, Miguel abandonaría esta forma poética escribiendo sus creaciones con un estilo más directo y comprensible.

En la octava XIV alude al barbero, a quien define como «blanco narciso» por su blanca bata y siempre «frente a su imagen» al tener que trabajar mirándose continuamente al espejo.

Blanco narciso por obligación.
Frente a su imagen siempre, espumas pinta,
y en el mineral lado del salón
una idea de mar fulge distinta.
Si no esquilea en campo de jabón,
hace rayas, con gracia, mas sin tinta;
y al fin, con el pulgar en ejercicio,
lo que le sobra anula del oficio.

El rayo que no cesa

Uno de los libros más conocidos y famosos de este poeta es *El rayo que no cesa*, de tal forma que, muchas veces, se le llama a Miguel Hernández «el rayo que no cesa», por su valentía y firmeza en la defensa de sus ideales. Este libro, publicado en el año 1936, consta de 27 sonetos que, como sabéis, es una de las formas poéticas más difíciles de escribir. El tema general de este libro es el amor, al que dedica frases muy hermosas:

> Te me mueres de casta y de sencilla:
> estoy convicto, amor, estoy confeso
> de que, raptor intrépido de un beso,
> yo te libé la flor de la mejilla.

El libro está dedicado a la que luego sería su mujer, Josefina Manresa, y el título le viene del principio de un soneto que empieza así: «¿No cesará este rayo que me habita el corazón de exasperadas fieras?». Y, efectivamente, el rayo del amor no cesa en el corazón de Miguel. Amor y dolor son las dos grandes pasiones que cruzan todo este libro y que ya marcarán inexorablemente la vida de Miguel.

> Nadie me salvará de este naufragio
> si no es tu amor, la tabla que procuro,
> si no es tu voz, el norte que pretendo.

La figura del toro aparece repetidas veces en este libro con una fuerte carga autobiográfica. Miguel se siente identificado con este noble animal que «respira corazones por la herida» y «no da un paso atrás si no es para escarbar sangre y furia en la arena». Miguel, al igual que el toro, se considera carne de yugo destinado para el luto. Por ello, y de forma premonitoria, la muerte aparece descarnada, trágica en este libro de su juventud: «Como el toro he nacido para el luto y el dolor».

> Lo que he sufrido y nada todo es nada
> para lo que me queda todavía
> que sufrir, el rigor de esta agonía
> de andar de este cuchillo a aquella espada.

Viento del pueblo

En plena guerra civil, en 1937, se editó en Valencia el libro *Viento del pueblo* que lleva como subtítulo «Poesía en la guerra». Se trata de un libro social y político, fruto de la crítica situación que se estaba viviendo entonces en España. Miguel, que se siente solidario con el pueblo, se alza en defensa del mismo y pone su voz y su pluma al servicio de los más humildes, esparciendo por los aires la queja y la angustia de todo un pueblo.

> Si yo salí de la tierra,
> si yo he nacido de un vientre
> desdichado y con pobreza,
> no fue sino para hacerme
> ruiseñor de las desdichas,
> eco de la mala suerte,
> y cantar y repetir
> a quien escucharme debe
> cuanto a penas, cuanto a pobres,
> cuanto a tierra se refiere.

Se trata, por tanto, de un libro de testimonio y denuncia en el que el poeta da rienda suelta a su angustia y dolor por los trágicos momentos que está viviendo. Su anterior poesía de canto a la naturaleza y al amor se transforma en una poesía de lucha, con un lenguaje expresivo y directo, que deja, sin embargo, abierta la puerta a la ilusión y a la esperanza, pues «está despuntando el alba». La escritora y crítica literaria Concha Zardoya, ha definido esta obra como un «libro que arde y quema, duele y hace llorar». A través de su lectura se encuentra al esposo-soldado que une, en una gran pasión, su amor por la tierra, por su esposa y por el pueblo.

En la dedicatoria que hace Miguel a su gran amigo Vicente Aleixandre le dice: «Los poetas somos vientos del pueblo: nacemos para pasar soplando a través de sus poros y conducir sus ojos y sus sentimientos hacia las cumbres más hermosas (...) El pueblo espera a los poetas con las orejas y el alma tendidas al pie de cada siglo».

Recoge este libro poemas aparecidos, desde el principio de la guerra, en diversas revistas, así como poesías que escribió para ser recitadas directamente en el frente o en actos culturales. El asesinato de Federico García Lorca inspiró a Miguel una bella y sentida elegía que abre este libro. Completan la obra poemas sobre diversos temas, todos ellos relacionados con el episodio bélico que estaba viviendo. Destacan algunas poesías, muy conocidas por su gran difusión, como «El niño yuntero», «Vientos del pueblo me llevan», «Rosario, dinamitera», «Aceituneros», «Canción del esposo soldado», etc.

> Vientos del pueblo me llevan,
> vientos del pueblo me arrastran,
> me esparcen el corazón
> y me aventan la garganta.

El hombre acecha

A principios de 1939 Miguel Hernández tenía ya en una imprenta de Valencia su segundo libro de guerra, *El hombre acecha*, pero la entrada de las tropas franquistas impidió que el libro saliera a la luz. Posteriormente se han encontrado algunas pruebas que han servido para dar a conocer esta importante obra. Miguel siente la tragedia del desenlace bélico y plasma en este libro su angustia por los horrores de la guerra. Así como el famoso cuadro de Picasso *El Guernica* sirve de testimonio pictórico contra la tragedia de la guerra española, igualmente *El hombre acecha* es uno de los más logrados alegatos poéticos contra la deshumanización que producen las guerras fratricidas.

> Es sangre, no granizo, lo que azota mis sienes.
> Son dos años de sangre: son dos inundaciones.
> Sangre de acción solar, devoradora vienes,
> hasta dejar sin nadie y ahogados los balcones.

La poesía de Miguel se vuelve más sobria e íntima, como corresponde a la reflexión personal que efectúa sobre el hombre y sus ansias de sangre y destrucción. El poeta tiene los ojos aterrorizados ante tanta calamidad y tanta lucha entre hermanos. «No me dejéis ser fiera», dice. «Ayudadme a ser hombre.» Pero esta triste realidad no le hace perder la ilusión por la lucha ni la fe en el hombre.

Para la libertad sangro, lucho, pervivo,
para la libertad mis ojos y mis manos,
como un árbol carnal, generoso y cautivo,
doy a los cirujanos.

Este libro está dedicado a su amigo y mecenas Pablo Neruda, a quien le dice en la dedicatoria inicial: «Tú preguntas por el corazón, y yo también. Mira cuántas bocas cenicientas de rencor, hambre, muerte, pálidas de no cantar, de no reír». Miguel se dirige a sus poetas amigos, en el poema *Llamo a los poetas*, solicitando su solidaridad con el pueblo hablando unidos «de las cosas del mundo frente al hombre». Esta es su esperanza, que la voz de los poetas sirva para que los hombres conduzcan «sus ojos y sus sentimientos hacia las cumbres más hermosas».

La mayor parte de los poemas que forman este libro están compuestos en versos alejandrinos, de catorce sílabas, produciendo así una sensación de gravedad y solemnidad. Y es que la importancia de los temas que aborda no puede pedir menos: los heridos, las cárceles, la guerra, la sangre, el hambre. Junto a estos temas también tiene un grupo de poemas dedicados a recordar su estancia en la Unión Soviética, y son un canto a la industrialización y al desarrollo social y cultural del pueblo de aquel país. Asimismo aparece en este libro un emotivo canto al toro, simbolizando a España, en el que manifiesta Miguel todas sus ansias de un futuro mejor.

Alza, toro de España: levántate, despierta.
Despiértate del todo, toro de negra espuma,
que respiras la luz y rezumas la sombra,
y concentras los mares bajo tu piel cerrada.

Cancionero y romancero de ausencias

Miguel Hernández no llegó a ver publicado este último libro suyo, al igual que le pasó con *Viento del pueblo*. Varios años después de su muerte se editó este *Cancionero y romancero de ausencias*, que recoge las últimas poesías escritas por Miguel, la mayoría de ellas en la cárcel, después de la guerra civil. Son, en general, versos cortos con cierto aire de coplas y romanceros populares, en los que va volcando sus vivencias y sus sentimientos. Son versos intimistas, fruto de una profunda reflexión sobre las tres grandes heridas que atraviesan el corazón del poeta: el amor, la vida y la muerte.

Escribí en el arenal
los tres nombres de la vida:
vida, muerte, amor.
Una ráfaga de mar,
tantas claras veces ida,
vino y los borró.

El poeta y crítico Leopoldo de Luis, gran conocedor de la obra hernandina, afirma que «este libro es casi un libro de memorias» y posee una «calidad extraordinaria y una emoción hondísima». Y es que Miguel, en la soledad de las cárceles, se vuelve algo filósofo y siente, sobre todo, la gran nostalgia por la ausencia de su mujer, de la libertad y de su hijo, fallecido a los pocos meses de vida. Precisamente, este libro se abre con unos versos en memoria del hijo desaparecido:

Ropas con su olor,
paños con su aroma.
Se alejó en su cuerpo,
me dejó en sus ropas.

Destaca, especialmente, en este libro el poema titulado «Nanas de la cebolla», que escribió el poeta en la cárcel madrileña de Torrijos, al recibir una carta de su mujer en la que le decía que sólo se alimentaba de pan y cebolla. La alegría por el nacimiento de su segundo hijo, Manuel Miguel, se ensombreció con esta noticia. Sus compañeros de cárcel cuentan que, tras recibir esta carta, estuvo varios días triste y cabizbajo, sin hablar con nadie. Miguel volcó en estas Nanas todo su amor de padre y poeta.

Vuela niño en la doble
luna del pecho.
Él, triste de cebolla,
tú, satisfecho.

Los últimos poemas de Miguel Hernández, no incluidos en su *Cancionero y romancero de ausencias*, fueron escritos en sus dos últimos años de vida, en medio del sufrimiento y la soledad de las cárceles. El tema carcelario es, por tanto, prioritario en estos últimos poemas. El poeta, amante de la libertad, la luz y la naturaleza, se siente atado sin que exista ninguna razón para ello: «¿Qué hice para que pusieran / a mi vida tanta cárcel». Esta crítica situación le inspira trágicos poemas.

> Sigo en la sombra, lleno de luz; ¿existe el día?
> ¿Esto es mi tumba o es mi bóveda materna?
> . . . .
> Yo que creí que la luz era mía
> precipitado en la sombra me veo.

Pero Miguel, «el más corazonado de los hombres», sabe sobreponerse a tantas desdichas y busca, en lo más recóndito de su corazón, un motivo de esperanza. Tras las rejas de la prisión busca ese rayo de luz que pueda dar sentido a su vida y que «ilumine el abismo donde lloro». Así, en su testamento poético, reflejado en los últimos versos que escribió, deja patente su fe en un futuro mejor:

> Soy una abierta ventana que escucha,
> por donde ver tenebrosa la vida.
> Pero hay un rayo de sol en la lucha
> que siempre deja la sombra vencida.

Teatro y prosa

Aparte de la poesía, Miguel Hernández escribió también algunas obras de teatro y algunas cosas en prosa. Su obra teatral más importante es el Auto Sacramental *Quién te ha visto y quién te ve*, escrito en el año 1934, y que tiene un contenido religioso y social. Esta obra está llena de simbolismos y refleja el deseo del hombre por alcanzar un mundo ideal. Pronto abandonaría Miguel éste tipo de teatro para dedicarse a unas obras más sociales y de denuncia. En su obra *Los hijos de la piedra*, escrita en 1935, Miguel sale en defensa del trabajador explotado por un patrón injusto. Parece ser que escribió esta obra a raíz de los acontecimientos revolucionarios que tuvieron lugar en Asturias, en el mes de octubre de 1934.

El labrador de más aire es un drama rural en el que se manifiesta la lucha de unos labradores contra el cacique que les oprime. Es un grito contra la injusticia. Juan, el labrador de más aire, se enfrenta abiertamente contra Augusto, el terrateniente, exponiendo su trabajo e, incluso, su vida. Es la lucha de la verdad y la razón contra el poder y la fuerza.

> Nadie merece ser dueño
> de hacienda que no cultiva,
> en carne y alma viva
> con noble intención y empeño.

Durante la guerra, Miguel publica el libro titulado *Teatro en la guerra*, que comprende cuatro piezas breves de teatro: *La cola, El hombrecito, El refugiado* y *Los sentados*. En estas cortas obras teatrales se recogen diversos aspectos de la vida social en la época de guerra: las colas para comprar los alimentos, el joven de 16 años que quiere luchar en el frente al sentirse ya un hombrecito, el viejo que se refugia en el monte para huir de los fascistas, o los cobardes que permanecían sentados en la plaza del pueblo mientras sus compañeros luchaban en el frente.

En la primavera de 1938 termina Miguel Hernández su drama en cuatro actos *Pastor de la muerte*, una obra en la que pretende ensalzar el valor del soldado en el frente. La mayor parte de sus escenas se desarrollan en Madrid, durante su resistencia a las tropas franquistas. Esta obra consiguió un accésit en el Concurso Nacional de Literatura de 1938. Está escrito el drama en un verso sencillo y popular, incluyéndose diversas canciones que cantaban los milicianos con letra escrita por Miguel Hernández, como por ejemplo ésta:

> Las puertas son del cielo
> las puertas de Madrid.
> Cerradas por el pueblo,
> nadie las puede abrir.

Miguel tenía una gran ilusión por continuar su producción teatral, una vez acabada la guerra, pero el trágico final de su vida se lo impidió. En una nota introductoria a su *Teatro de la guerra* así lo manifiesta:

> Cuando descansemos de la guerra, y la paz aparte los cañones de las plazas y los corrales de las aldeas españolas, me veréis por ellos celebrar representaciones de un teatro que será la vida misma de España, sacada limpiamente de sus trincheras, sus calles, sus campos y sus paredes.

En prosa destaca una elegía a su amigo Ramón Sijé, desarrollando la elegía que en verso le había hecho a su muerte, y varios escritos de prosa poética como «Robo-y-dulce», «Canario-mudo», «Delicia-grana», etc. También escribió, durante su estancia en Madrid, varias biografías de toreros en la Enciclopedia de toros preparada por su amigo y protector José María de Cossío. Durante la guerra escribe narraciones bélicas en diversos periódicos y revistas como *Frente Sur, La voz del combatiente*, y otros.

Puede decirse, por tanto, que Miguel Hernández no olvida ningún campo en la actividad literaria, utilizando la poesía, el teatro, la narrativa y el periodismo para manifestar ese gran caudal de sentimientos e ideales sociales que, como «un rayo que no cesa», atravesaron toda su corta pero intensa vida.

Sus tres pasiones

La poesía

La vida de Miguel Hernández está marcada por tres grandes pasiones: la poesía, el amor y la justicia. Miguel se siente poeta desde su infancia. La poesía le atrae con especial fuerza y a ella se dedica durante toda su vida con total y plena dedicación. «A nosotros —escribía Miguel—, que hemos nacido poetas entre todos los hombres, nos ha hecho poetas la vida junto a todos los hombres». Miguel Hernández *nace* poeta. Lleva la poesía dentro de su sangre y se esfuerza constantemente en realizar su vocación literaria aunque tenga que sufrir incomprensiones de sus familiares, hambre, soledad, persecuciones e, incluso, la muerte. Por ello, en la tumba que guarda sus restos en el cementerio de Alicante puede leerse, debajo de su nombre, la palabra «Poeta», que es la que mejor le define. Su pasión por la poesía le trajo grandes alegrías, pero, también, inmensas penas. En 1932 —cuando Miguel tenía 22 años— escribe, desde Madrid, a su amigo Ramón Sijé, diciéndole: «¿Por qué me pusieron un alma de poeta? ¿Por qué no fui como todos los pastores, mazorral, ignorante...?». La poesía fue, pues, para Miguel Hernández la razón de su vida, la gran pasión de su existencia y el rayo que nunca cesó.

El amor

Se ha definido la poesía de Miguel Hernández como la poesía del amor. El amor a la mujer, al hijo, a los amigos, a sus convicciones ideológicas cruza toda su obra poética. Para Miguel, el amor forma parte de la gran trilogía de la vida:

> Escribí en el arenal
> los tres nombres de la vida:
> vida, muerte, amor.

La gran musa amorosa de Miguel Hernández es su novia, y luego esposa, Josefina Manresa, a quien dedica la mayor parte de sus poemas amorosos. En una carta a Josefina, en la que le anuncia la aparición del libro *El rayo que no cesa*, le explica: «Todos los versos que van en este libro son de amor y los he hecho pensando en ti». Precisamente este libro, *El rayo que no cesa*, es el que expresa con más fuerza el ansia amorosa de este poeta. Todos los poemas que componen este libro tienen una gran intensidad y fuerza expresiva que manifiesta la gran pasión amorosa que siente Miguel hacia Josefina, su joven musa.

La justicia

La tercera pasión que llena la vida de Miguel es su afán de justicia. Su pobre cuna y el trabajo temprano le hacen descubrir a Miguel, con mayor lucidez, las desgracias ajenas. Su gran sensibilidad le hace sufrir en sus propias carnes el dolor y la tristeza de sus semejantes:

> Me duele este niño hambriento
> como una grandiosa espina,
> y su vivir ceniciento
> revuelve mi alma de encina.

Miguel se siente parte del pueblo sencillo y trabajador, y como tal asume la lucha del pueblo por liberarse de las injusticias que, durante tantos siglos, ha padecido:

3

Abierto estoy, mirad, como una herida.
Hundido estoy, mirad, estoy hundido
en medio de mi pueblo y sus males

Pero esta solidaridad de Miguel con los más necesitados no se queda en meras lamentaciones, sino que, llegado el momento, pone su voz, su vida y su juventud al servicio de ese pueblo que «espera a los poetas con la oreja y el alma tendidas al pie de cada siglo».

Miguel Hernández y los niños

Miguel Hernández es un poeta que no sólo amaba a los niños, sino que él mismo nunca dejó de ser niño. Las personas que le conocieron en su vida cuentan que, en su cuerpo de hombre, anidaba un alma infantil. ¡Tanta era su inocencia y candor! En las famosas «Nanas de la cebolla» le dice Miguel a su hijo: «Desperté de ser niño: nunca despiertes». Esto lo escribía Miguel desde la cárcel cuando el odio de los hombres y la dureza de la vida y los sufrimientos le habían hecho despertar, de forma brusca, de su infancia interior. Para Miguel todas las personas eran buenas y así como él no guardaba rencor hacia nadie, pensaba que los demás se comportarían igual. Esta buena fe hizo que, después de la guerra, volviera a su pueblo con el deseo de abrazar a sus familiares y amigos sin pensar que los de su mismo pueblo pudieran traicionarle. Pero, por desgracia, así fue. Tan pronto le vieron llegar fueron a denunciarle y le cogieron preso.

El premio Nobel de literatura Vicente Aleixandre decía que Miguel «era confiado y no aguardaba daño. Creía en los hombres, esperaba de ellos». Su constante contacto con la naturaleza y el pueblo sencillo hacen que toda su poesía rezume este candor que tanto la acerca al mundo de quienes tienen corazón de niño. Pero Miguel no confunde niñez con ñoñería, sino que los poemas que tienen como tema al niño contienen una fuerte carga de denuncia social como «El niño yuntero», una ternura especial como las «Nanas de la cebolla», o un dolor profundo como el poema dedicado a su hijo muerto.

Su experiencia de niño oprimido por el trabajo, el sufrimiento y el hambre le hace sentir como propio el dolor de todos los «niños yunteros».

Miguel siente un cariño inmenso por sus hijos. La muerte de su primer hijo, a los diez meses de vida, le produce un inmenso pesar que refleja en el poema «A mi hijo». En él dice frases tan preciosas como éstas: «Desde que tú eres muerto no alientan las mañanas», «te ha devorado el sol, rival único y hondo», «vengo de enterrar un pedazo de pan en el olvido».

Durante su estancia en las cárceles, escribía muchas cartas a su mujer en las que ponía casi siempre alguna frase para su hijo, acompañada de algunos pequeños dibujos de animales, casas, juguetes, etc.

En estas cartas decía Miguel a su hijo frases como éstas: «Tengo unas ganas muy grandes de oírte nombrarme y de verte y de comerte esos dientes, esos cinco dientes que ya tienes... Tengo grandes ganas de cogerte por mi cuenta y comerte. Aprende mi nombre y aprende a morder, para que me comas tú también cuando me cojas».

Con motivo de un cumplemeses de su hijo, Miguel le regaló un caballo de madera que había hecho él mismo en la cárcel. Miguel dibujó este caballo en el mismo papel donde escribió el poema: «Ascensión de la escoba». En otra ocasión regaló a su hijo un libro que él mismo escribió y encuadernó en la cárcel de Alicante. Se trataba de la traducción —hecha también por Miguel— de unos cuentos ingleses. El libro, titulado «El potro oscuro y el conejito», tiene varias páginas manchadas por las lágrimas que derramaba su hijo mientras lo leía, ya que se acordaba que su padre había muerto y no podía verlo.

Mientras existan en el mundo «niños yunteros» tendrá sentido el canto de este pastor-poeta cuya vida es testimonio y cuya obra es un constante aliento:

> Niño radiante;
> va mi sangre contigo
> siempre adelante.

FRANCISCO ESTEVE

CRONOLOGÍA

1910 El día 30 de octubre nace Miguel Hernández en Orihuela, provincia de Alicante, siendo sus padres Miguel Hernández Sánchez y Concepción Gilabert Giner. Dos hermanos han nacido antes que él: Vicente —que le lleva cuatro años—, y Elvira —dos años mayor—. Posteriormente nacería Encarnación. Otras tres hermanas morirían de corta edad. Su familia es de condición humilde. Su padre es tratante de ganado y posee un pequeño rebaño de cabras y ovejas.

1913 Se traslada la familia a una nueva casa, en la calle de Arriba, con un pequeño patio que será, años más tarde, el lugar preferido por Miguel para componer sus poesías.

1918 Empieza a acudir a la Escuela del Ave María, próxima a su casa, donde aprende a leer y escribir.

1920 Dado su aprovechamiento escolar, pasa a las clases del Colegio Santo Domingo, del que dependía el del Ave María. El nuevo colegio es de pago, pero Miguel consigue una beca «de pobre».

1925 Abandona el colegio para ayudar a su padre en el cuidado del ganado, así como a repartir la leche por las casas. Los jesuitas quisieron costearle una carrera eclesiástica, a lo que el padre se negó.

1927 Empieza a escribir sus primeras poesías mientras cuida el rebaño.

1929 Escribe su primer poema extenso, titulado «Pastoril» y que sería publicado, en 1930, en el periódico local *El Pueblo de Orihuela*.

1930 Forma, con otros amigos y compañeros, un grupo poético que se reúne en el horno de los hermanos Fenoll. Empiezan a aparecer sus poesías en diversos periódicos y revistas locales.

1931 En marzo recibe su primer premio literario, al ser galardonado su «Canto a Valencia» en un concurso poético celebrado en Elche. El 30 de noviembre realiza su primer viaje a Madrid.

1932 En las revistas madrileñas *La Gaceta Literaria* y *Estampa* aparecen reportajes sobre Miguel Hernández. Al no encontrar en Madrid el apoyo que esperaba, regresa a Orihuela en el mes de mayo, donde participa en un homenaje a Gabriel Miró.

1933 El 20 de enero se termina de imprimir, en Murcia, el primer libro de Miguel, *Perito en lunas*. Conoce a Josefina Manresa con la que, posteriormente, se casará.

1934 El mes de marzo realiza su segundo viaje a Madrid. Su auto sacramental *Quién te ha visto y quién te ve* aparece publicado en la revista *Cruz y raya*. Termina de redactar el drama *El torero más valiente*.

1935 Conoce a Pablo Neruda y a Vicente Aleixandre, con los que le unirá una profunda amistad. Colabora en las «Misiones Pedagógicas». Muere su amigo Ramón Sijé. Redacta el drama *Los hijos de la piedra*. Publica varios poemas en las revistas *Caballo verde para la poesía* y *Revista de Occidente*.

1936 Publica su «Elegía» a Ramón Sijé. Se edita su libro de poemas amorosos *El rayo que no cesa*. Al empezar la guerra civil se incorpora, como voluntario, al Ejército Popular de la República. Es nombrado Comisario de Cultura.

1937 Se casa con Josefina Manresa. Participa en el II Congreso Internacional de Intelectuales Antifascistas. Hace un viaje a la URSS para asistir al V Festival de Teatro Soviético. Salen publicados sus libros *Viento del Pueblo*, *Teatro en la guerra* y *El labrador de más aire*. Nace su primer hijo, Manuel Ramón, el 19 de diciembre.

1938   Escribe el drama *Pastor de la muerte* y el libro *El hombre ace-cha*. Muere su hijo el 19 de octubre. Inicia la redacción de *Cancionero y Romancero de ausencias*. Actúa, como soldado y como poeta, en diversos frentes.

1939   Nace su segundo hijo, Manuel Miguel, el 4 de enero. Al finalizar la guerra es detenido en Rosal de la Frontera (Huelva). De allí pasa a las cárceles de Sevilla y Madrid, donde compone las famosas «Nanas de la cebolla». Puesto, inesperadamente, en libertad, es detenido de nuevo en su pueblo, Orihuela, pasando a los calabozos del Seminario, convertido en Penal.

1940   Es trasladado a Madrid, a la prisión de la plaza Conde de Toreno. El 18 de enero es condenado a pena de muerte por haber escrito contra el fascismo. Meses más tarde se le cambiará esta pena por una condena de 30 años de prisión. En septiembre es trasladado a la Prisión de Palencia, y de allí pasa al Reformatorio de Adultos de Ocaña. Sufre bronquitis y otras enfermedades.

1941   Continúa su calvario de cárceles. Se le traslada, en junio, al Reformatorio de Adultos de Alicante, su tierra. Su mujer y familiares le visitan, pero la enfermedad se agrava con nuevas recaídas. Se le aprecia tifus y tuberculosis.

1942   El 28 de marzo muere en la enfermería de la prisión alicantina, siendo enterrado en el cementerio de Nuestra Señora del Remedio, de Alicante. Contaba, a su muerte, 31 años de edad.

Álbum Fotográfico

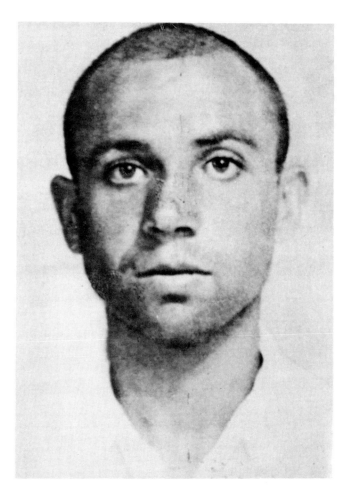

Si este libro se perdiera / como puede suceder, / se ruega a quien se lo encuentre / me lo sepa devolver. / Si quiere saber mi nombre / aquí abajo lo pondré. / Con perdón suyo, me llamo / M. Hernández Gilabert. / El domicilio en la cárcel. / Visitas de seis a seis.

Manuscrito de M. Hernández al principio del cuaderno original de *Cancionero y romancero de ausencias.*

Arriba: 1921. Alumnos del colegio Santo Domingo de Orihuela; Miguel está señalado con una cruz. *Abajo:* M. Hernández, recién salido del tifus, con sus hermanos.

Orihuela   Puente de Poniente

Arriba, izq.: Orihuela, donde nació Miguel, a principios de siglo. *Arriba, der.:* Miguel con espardeñas (alpargatas) en la sierra. *Abajo, izq.:* Miguel en el campo de Cox, agosto de 1936 (foto realizada por su mujer). *Abajo, der.:* Ramón Sijé, amigo íntimo de Miguel y su iniciador a la literatura.

Arriba: Miguel Hernández en el frente.
Abajo: Al principio de estallar la guerra civil, en Madrid, con tres amigos.

Josefina y Miguel en Jaén, a los pocos días de casados.

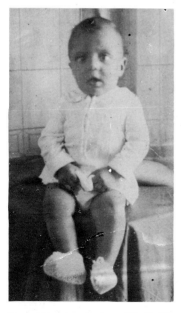

Manuel Ramón, el primer hijo de Miguel y Josefina, a los 6 meses de edad.

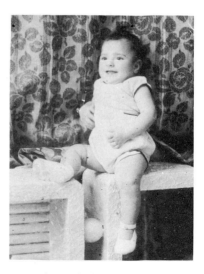

Manuel Miguel, el segundo hijo, a los seis meses de edad.

Miguel Hernández, con 14 ó 15 años.

ANTOLOGÍA

NIÑO

(1939-1941)

Rueda que irás muy lejos.
Ala que irás muy alto.
Torre del día eres,
del tiempo y el espacio.

Niño: ala, rueda, torre.
Pie. Pluma. Espuma. Rayo.
Ser como nunca ser.
Alborear del pájaro.

Eres mañana. Ven
con todo de la mano.
Eres mi ser que vuelve
hacia su ser más claro.
El universo eres,
que gira esperanzado.

Pasión del movimiento:
la tierra es tu caballo.
Cabálgala. Domínala.

Y brotará en su casco
su piel de vida y muerte
de sombra y luz, piafando.

Asciende, rueda, vuela,
creador del alba y mayo.
Alumbra. Ven. Y colma
el fondo de mis brazos.

EL SILBO DEL DALE

Dale al aspa, molino,
hasta nevar el trigo.

Dale a la piedra, agua,
hasta ponerla mansa.

Dale al molino, aire,
hasta lo inacabable.

Dale al aire, cabrero,
hasta que silbe tierno.

Dale al cabrero, monte,
hasta dejarle inmóvil.

Dale al monte, lucero,
hasta que se haga cielo.

Dale, Dios, a mi alma
hasta perfeccionarla.

Dale que dale, dale
molino, piedra, aire,

cabrero, monte, astro,
dale que dale largo.

Dale que dale, Dios,

¡ay!

Hasta la perfección.

EL SILBO DE LAS LIGADURAS

¿Cuándo aceptarás, yegua,
el rigor de la rienda?

¿Cuándo, pájaro pinto,
a picotazo limpio

romperás tiranías
de jaulas y de ligas,

que te hacen imposibles
los vuelos más insignes

y el árbol más oculto
para el amor más puro?

¿Cuándo serás, cometa,
para función de estrella,

libre por fin del hilo
cruel de otro albedrío?

¿Cuándo dejarás, árbol,
de sostener, buey manso,

el yugo que te imponen
climas, raíces, hombres,

para crecer atento
sólo al silbo del cielo?

¿Cuándo, pájaro, yegua,
cuándo, cuándo, cometa,

¡ay!, ¿cuándo, cuándo, árbol?
¡Ay! ¿Cuándo, cuándo, cuándo?

Cuando mi cuerpo vague,
        ¡ay!
asunto ya del aire.

AQUÍ YA NO VIVE EL RÍO,
pero vive el hortelano.
Niña, mírate la cara
en ese espejo de arena,
que será de agua serena
pronto entre tu mano clara.
Dejad aquellas criaturas
varones ir a su ida.
¡Qué poco alumbráis la vida!
¡Qué personas más oscuras!

EL AZAHAR DE MURCIA
y la palmera de Elche
para exaltar la vida
sobre tu vida ascienden.

El azahar de Murcia
y la palmera de Elche
para seguir la vida
bajan sobre tu muerte.

CERCA DEL AGUA TE QUIERO LLEVAR
porque tu arrullo trascienda del mar.

Cerca del agua te quiero tener
porque te aliente su vívido ser.

Cerca del agua te quiero sentir
porque la espuma te enseñe a reír.

Uvas, granadas, dátiles,
doradas, rojas, rojos,
hierbabuena del alma,
azafrán de los poros.

Uvas como tu frente,
uvas como tus ojos.
Granadas con la herida
de tu florido asombro.
Dátiles con tu esbelta
ternura sin retorno.
Azafrán, hierbabuena
llueves a grandes chorros
sobre la mesa pobre,
gastada, del otoño,
muerto que te derramas,
muerto que yo conozco,
muerto, frutal, caído
con octubre en los hombros.

EN ESTE CAMPO
estuvo el mar.

Alguna vez volverá.

Si alguna vez una gota
roza este campo, este campo
siente el recuerdo del mar.

Alguna vez volverá.

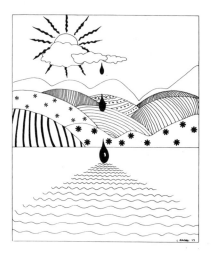

LAS DESIERTAS ABARCAS

Por el cinco de enero,
cada enero ponía
mi calzado cabrero
a la ventana fría.

Y encontraba los días
que derriban las puertas,
mis abarcas vacías,
mis abarcas desiertas.

Nunca tuve zapatos,
ni trajes, ni palabras:
siempre tuve regatos,
siempre penas y cabras.

Me vistió la pobreza,
me lamió el cuerpo el río
y del pie a la cabeza
pasto fui del rocío.

Por el cinco de enero,
para el seis, yo quería
que fuera el mundo entero
una juguetería.

Y al andar la alborada
removiendo las huertas,
mis abarcas sin nada,
mis abarcas desiertas.

Ningún rey coronado
tuvo pie, tuvo gana
para ver el calzado
de mi pobre ventana.

Toda gente de trono,
toda gente de botas
se rió con encono
de mis abarcas rotas.

Rabié de llanto, hasta
cubrir de sal mi piel,
por un mundo de pasta
y unos hombres de miel.

Por el cinco de enero
de la majada mía
mi calzado cabrero
a la escarcha salía.

Y hacia el seis, mis miradas
hallaban en sus puertas
mis abarcas heladas,
mis abarcas desiertas.

LLEGÓ CON TRES HERIDAS:
la del amor,
la de la muerte,
la de la vida.

Con tres heridas viene:
la de la vida,
la del amor,
la de la muerte.

Con tres heridas yo:
la de la vida,
la de la muerte,
la del amor.

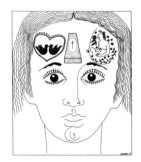

COMO LA HIGUERA JOVEN
de los barrancos eras.
Y cuando yo pasaba
sonabas en la sierra.

Como la higuera joven,
resplandeciente y ciega.

Como la higuera eres.
Como la higuera vieja.
Y paso y me saludan
silencio y hojas secas.

Como la higuera eres
que el rayo envejeciera.

DOS CANTARES

Las penitas de la muerte
me dan a mí que no a otro,
cuando salgo al campo a verte
con mi negra, negra suerte,
con mi negro, negro potro.

Soledad, qué solo estoy
tan solo y en tu compaña.
Ayer, mañana y hoy,
de ti vengo y a ti voy
en una jaca castaña.

CUERPO DEL AMANECER
flor de la carne florida.
Siento que no quiso ser
más allá de flor tu vida.

Corazón que en el tamaño
de un día se abre y se cierra.
La flor nunca cumple un año,
y lo cumple bajo tierra.

DE LA CONTEMPLACIÓN
nace la rosa;
de la contemplación el naranjo
y el laurel.
Tú y yo del beso aquél.

RELOJ RÚSTICO

Aquel tajo cerril de la montaña,
el campesino y yo
tenemos por reloj:
la una es un barranco,
otro las dos;
las tres, las cuatro, otros;
la aguja es la gran sombra
de un peñasco que brota con pasión;
la esfera, todo el monte;
el tic-tac, la canción
de las cigarras bárbaras,
y la cuerda la luz... ¡Espléndido reloj!
¡Pero sólo señala puntualmente
las horas, en los días que hace sol!

EL CORAZÓN ES AGUA
que te acaricia y canta.

El corazón es puerta
que se abre y se cierra.

El corazón es agua
que se remueve, arrolla,
se arremolina, mata.

LIMÓN

Oh limón amarillo,
patria de mi calentura.
Si te suelto
en el aire,
oh limón
amarillo,
me darás
un relámpago
en resumen.

Si te subo
a la punta
de mi índice,
oh limón
amarillo,
me darás
un chinito
coletudo,
y hasta toda
la China,
aunque desde
los ángeles
contemplada.

Si te hundo
mis dientes,
oh agrio
mi amigo,
me darás
un minuto
de mar.

En cuclillas, ordeño
una cabrita y un sueño.

Glú, glú, glú,
hace la leche al caer
en el cubo. En el tisú
celeste va a amanecer.
Glú, glú, glú. Se infla la espuma,
que exhala
una finísima bruma.
(Me lame otra cabra, y bala.)

En cuclillas, ordeño
una cabrita y un sueño.

ESCRIBÍ EN EL ARENAL
los tres nombres de la vida.
Vida, muerte, amor.

Una ráfaga de mar,
tantas claras veces ida,
vino y los borró.

TODAS LAS CASAS SON OJOS
que resplandecen y acechan.

Todas las casas son bocas
que escupen, muerden y besan.

Todas las casas son brazos
que se empujan y se estrechan.

De todas las casas salen
soplos de sombra y de selva.

En todas hay un clamor
de sangres insatisfechas.

Y a un grito todas las casas
se asaltan y se despueblan.

Y a un grito todas se aplacan,
y se fecundan, y esperan.

BOCAS DE IRA.
Ojos de acecho.
Perros aullando.
Perros y perros.
Todo baldío.
Todo reseco.

Cuerpos y campos,
cuerpos y cuerpos.

¡Qué mal camino,
qué ceniciento!

¡Corazón tuyo,
fértil y tierno!

TRISTES GUERRAS
si no es amor la empresa.

Tristes, tristes.

Tristes armas
si no son las palabras.
Tristes, tristes.

Tristes hombres
si no mueren de amores.
Tristes, tristes.

MENOS TU VIENTRE
todo es confuso.

Menos tu vientre
todo es futuro
fugaz, pasado
baldío, turbio.

Menos tu vientre
todo es oculto,
menos tu vientre
todo inseguro,
todo postrero,
polvo sin mundo.

Menos tu vientre
todo es oscuro,
menos tu vientre
claro y profundo.

LOS ANIMALES DEL DÍA
a los de de la noche buscan.

Lejos anda el sol,
cerca la luna.

Animal de mediodía,
la media noche te turba.

Lejos anda el sol,
cerca la luna.

ME TENDÍ EN LA ARENA
para que el mar me enterrara,
me dejara, me cogiera,
¡ay de la ausencia!

NO PUEDO OLVIDAR
que no tengo alas,
que no tengo mar,
vereda ni nada
con que irte a besar.

No te asomes
a la ventana,
que no hay nada en esta casa.

Asómate a mi alma.

No te asomes
al cementerio,
que no hay nada entre esos huesos.

Asómate a mi cuerpo.

Enterrado me veo,
crucificado
en la cruz y en el hoyo
del desengaño.

¡Qué mala luna
me ha empujado a quererte
como a ninguna!

Enciende las dos puertas,
abre la lumbre.
No sé lo que me pasa
que tropiezo en las nubes.

QUISE DESPEDIRME MÁS
y sólo vi tu pañuelo
lejano irse.

Imposible.

Y un golpe de polvo vino
a cegarme, ahogarme, herirme.
Polvo desde entonces traigo.

Imposible.

L. OLAVERRI - 79.

EL SOL, LA ROSA Y EL NIÑO
flores de un día nacieron.
Los de cada día son
soles, flores, niños nuevos.

Mañana no seré yo:
otro será el verdadero.
Y no seré más allá
de quien quiera su recuerdo.

Flor de un día es lo más grande
al pie de lo más pequeño.
Flor de la luz el relámpago,
y flor del instante el tiempo.

Entre las flores te fuiste.
Entre las flores me quedo.

EL PEZ MÁS VIEJO DEL RÍO
de tanta sabiduría
como amontonó, vivía
brillantemente sombrío.
Y el agua le sonreía.

Tan sombrío llegó a estar
(nada el agua le divierte)
que después de meditar,
tomó el camino del mar,
es decir, el de la muerte.

Reíste tú junto al río,
niño solar. Y ese día
el pez más viejo del río
se quitó el aire sombrío.
Y el agua te sonreía.

AUSENCIA EN TODO VEO:
tus ojos la reflejan.

Ausencia en todo escucho:
tu voz a tiempo suena.

Ausencia en todo aspiro:
tu aliento huele a hierba.

Ausencia en todo toco:
tu cuerpo se despuebla.

Ausencia es todo puerto:
tu boca me destierra.

Ausencia en todo siento.
Ausencia. Ausencia. Ausencia.

SOBRE EL CUERPO DE LA LUNA
nadie pone su calor.
Frente a frente sol y luna
entre la luna y el sol
que se buscan y no se hallan
     tú y yo.
Pero por fin se hallarán
nos hallaremos, amor,
y el mundo será redondo
hacia nuestro corazón.

POR LA VOZ DE LA HERIDA
que tú me has hecho
habla desembocado
todo mi pecho.
Es mi persona
una torre de heridas
que se desploma.

ESTE MOLINO DONDE
el árabe molía
parece un recuerdo
de la sangre mía,
dorado en la noche,
dorado en el día.

DUÉRMETE, PENA.
Déjame dormir.
Pena de marzo.
Dolor de abril.
Ansia de mayo,
de no tenerte aquí.

TE ESCRIBO Y EL SOL
palpita en la tinta
¡ausencia viva!
Te espero... La lluvia
se ciñe a mi espera
¡ausencia muerta!

ME DESCANSA
sentir que te arrullan
las aguas.
Me consuela
sentir que te abraza
la tierra.

¿CUÁNDO VAS A VOLVER?
¡Cuando sean gusanos
las manzanas de ayer!

SUAVE ALIENTO SUAVE
claro cuerpo claro
densa frente densa
penetrante labio.
Vida caudalosa,
vientre de dos arcos.
Todo lo he perdido, tierra
todo lo has ganado.

CUERPOS, SOLES, ALBORADAS,
cárceles y cementerios,
donde siempre hay un pedazo
de sombra para mi cuerpo.

CUANDO RESPIRAS ME HIERES,
cuando me miras me matas,
tus cejas son dos cuchillos
negros, tus negras pestañas.

PONGO CARA DE HERIDO
cuando respiras
y de muerto que sufre
cuando me miras.
Tú has conseguido
tenerme a cada instante
muerto y herido.

CON DOS AÑOS, DOS FLORES
cumples ahora.
Dos alondras llenando
toda tu aurora.
Niño radiante:
va mi sangre contigo
siempre adelante.

Sangre mía, adelante,
no retrocedas.
La luz rueda en el mundo,
mientras tú ruedas.
Todo te mueve,
universo de un cuerpo
dorado y leve.

Herramienta es tu risa,
luz que proclama
la victoria del trigo
sobre la grama.
Ríe. Contigo
venceré siempre al tiempo
que es mi enemigo.

MI CASA CONTIGO ERA
la habitación de la bóveda.
Dentro de mi casa entraba
por ti la luz victoriosa.

Mi casa va siendo un hoyo.
Yo no quisiera que toda
aquella luz se alejara
vencida, desde la alcoba.

Pero cuando llueve, siento
que las paredes se ahondan,
y reverdecen los muebles,
rememorando las hojas.

Mi casa es una ciudad
con una puerta a la aurora,
otra más grande a la tarde,
y a la noche, inmensa, otra.

Mi casa es un ataúd.
Bajo la lluvia redobla
y ahuyenta las golondrinas
que no la quisieran torva.

En mi casa falta un cuerpo.

Dos en nuestra casa sobran.

OLORES

Para oler unos claveles,
este muchacho de hinojos.

Tiros de grana. El olor
pone sus extremos rojos.

Para oler unos azahares,
este muchacho con zancos.

Espuma en cruz. El olor
pone sus extremos blancos.

Para oler unas raíces,
tendido el muchacho este.

Uñas de tierra. El olor
lo pone todo celeste.

SER ONDA, OFICIO, NIÑA,
ES DE TU PELO

Ser onda, oficio, niña, es de tu pelo,
nacida ya para el marero oficio;
ser graciosa y morena tu ejercicio
y tu virtud más ejemplar ser cielo.

¡Niña!, cuando tu pelo va de vuelo,
dando del viento claro un negro indicio,
enmienda de marfil y de artificio
ser de tu capilar borrasca anhelo.

No tienes más quehacer que ser hermosa,
ni tengo más festejo que mirarte,
alrededor girando de tu esfera.

Satélite de ti, no hago otra cosa,
si no es una labor de recordarte.
—¡Date presa de amor, mi carcelera!

NIÑA AL FINAL

Ella:
Sonrisas no
aprendidas
chocan en
mi granada.
Me las hallo
en el agua redonda
de mi pozo.

Me empino para ser
mujer, pero
no llego.

Ya me subo
medias y ligas,
ya me bajo la falda
a la misma cintura
de la rodilla.

No sé por qué me busco,
con este afán de niño hambriento,
los senos con los dedos.

Los senos,
que exigen terreno
al percal
y al viento.

Yo les he cobrado miedo
a los chivos
y a los ojos
de aquel muchacho
de moreneces y alargamientos
de higos secos...
Pero los sigo
sin saber por qué yo...

    Yo:
Tú desafías a los limones
y a los corazones.

A MI HIJO

Te has negado a cerrar los ojos, muerto mío,
abiertos ante el cielo como dos golondrinas:
su color coronado de junios, ya es rocío
alejándose a ciertas regiones matutinas.

Hoy, que es un día como bajo la tierra, oscuro,
como bajo la tierra, lluvioso, despoblado,
con la humedad sin sol de mi cuerpo futuro,
como bajo la tierra quiero haberte enterrado.

Desde que tú eres muerto no alientan las mañanas,
al fuego arrebatadas de tus ojos solares:
precipitado octubre contra nuestras ventanas,
diste paso al otoño y anocheció los mares.

Te ha devorado el sol, rival único y hondo
y la remota sombra que te lanzó encendido;
te empuja luz abajo llevándote hasta el fondo,
tragándote; y es como si no hubieras nacido.

Diez meses en la luz, redondeando el cielo,
sol muerto, anochecido, sepultado, eclipsado.
Sin pasar por el día se marchitó tu pelo;
atardeció tu carne con el alba en un lado.

El pájaro pregunta por ti, cuerpo al oriente,
carne naciente al alba y al júbilo precisa;
niño que sólo supo reír, tan largamente,
que sólo ciertas flores mueren con tu sonrisa.

Ausente, ausente, ausente como la golondrina,
ave estival que esquiva vivir al pie del hielo:
golondrina que a poco de abrir la pluma fina,
naufraga en las tijeras enemigas del vuelo.

Flor que no fue capaz de endurecer los dientes,
de llegar al más leve signo de la fiereza.
Vida como una hoja de labios incipientes,
hoja que se desliza cuando a sonar empieza.

Los consejos del mar de nada te han valido...
Vengo de dar a un tierno sol una puñalada,
de enterrar un pedazo de pan en el olvido,
de echar sobre unos ojos un puñado de nada.

Verde, rojo, moreno; verde, azul y dorado;
los latentes colores de la vida, los huertos,
el centro de las flores a tus pies destinado,
de oscuros negros tristes, de graves blancos yertos.

Mujer arrinconada: mira que ya es de día.
(¡Ay, ojos sin poniente por siempre en la alborada!)
Pero en tu vientre, pero en tus ojos, mujer mía,
la noche continúa cayendo desolada.

EL NIÑO YUNTERO

Carne de yugo, ha nacido
más humillado que bello,
con el cuello perseguido
por el yugo para el cuello.

Nace, como la herramienta,
a los golpes destinado,
de una tierra descontenta
y un insatisfecho arado.

Entre estiércol puro y vivo
de vacas, trae a la vida
un alma color de olivo
vieja ya y encallecida.

Empieza a vivir, y empieza
a morir de punta a punta
levantando la corteza
de su madre con la yunta.

Empieza a sentir, y siente
la vida como una guerra,
y a dar fatigosamente
en los huesos de la tierra.

Contar sus años no sabe,
y ya sabe que el sudor
es una corona grave
de sal para el labrador.

Trabaja, y mientras trabaja
masculinamente serio,
se unge de lluvia y se alhaja
de carne de cementerio.

A fuerza de golpes, fuerte,
y a fuerza de sol, bruñido,
con una ambición de muerte
despedaza un pan reñido.

Cada nuevo día es
más raíz, menos criatura,
que escucha bajo sus pies
la voz de la sepultura.

Y como raíz se hunde
en la tierra lentamente
para que la tierra inunde
de paz y panes su frente.

Me duele este niño hambriento
como una grandiosa espina,
y su vivir ceniciento
revuelve mi alma de encina.

Le veo arar los rastrojos,
y devorar un mendrugo,

y declarar con los ojos
que por qué es carne de yugo.

Me da su arado en el pecho,
y su vida en la garganta,
y sufro viendo el barbecho
tan grande bajo su planta.

¿Quién salvará a este chiquillo
menor que un grano de avena?
¿De dónde saldrá el martillo
verdugo de esta cadena?

Que salga del corazón
de los hombres jornaleros,
que antes de ser hombres son
y han sido niños yunteros.

NANAS
DE LA
CEBOLLA

*(Dedicadas a su hijo, a raíz de
recibir una carta de su mujer, en
la que le decía que no comía más
que pan y cebolla.)*

La cebolla es escarcha
cerrada y pobre:
escarcha de tus días
y de mis noches.
Hambre y cebolla:
hielo negro y escarcha
grande y redonda.

En la cuna del hambre
mi niño estaba.
Con sangre de cebolla
se amamantaba.
Pero tu sangre,
escarchada de azúcar,
cebolla y hambre.

Una mujer morena,
resuelta en luna,
se derrama hilo a hilo
sobre la cuna.
Ríete, niño,
que te tragas la luna
cuando es preciso.

Alondra de mi casa,
ríete mucho.
Es tu risa en los ojos
la luz del mundo.
Ríete tanto
que en el alma, al oírte,
bata el espacio.

Tu risa me hace libre,
me pone alas.
Soledades me quita,
cárcel me arranca.
Boca que vuela,
corazón que en tus labios
relampaguea.

Es tu risa la espada
más victoriosa.
Vencedor de las flores
y las alondras.
Rival del sol,
porvenir de mis huesos
y de mi amor.

La carne aleteante,
súbito el párpado,
y el niño como nunca
coloreado.
¡Cuánto jilguero
se remonta, aletea,
desde tu cuerpo!

Desperté de ser niño.
Nunca despiertes.
Triste llevo la boca.
Ríete siempre.
Siempre en la cuna,
defendiendo la risa
pluma por pluma.

Ser de vuelo tan alto,
tan extendido,
que tu carne parece
cielo cernido.
¡Si yo pudiera
remontarme al origen
de tu carrera!

Al octavo mes ríes
con cinco azahares.
Con cinco diminutas
ferocidades.
Con cinco dientes
como cinco jazmines
adolescentes.

Frontera de los besos
serán mañana,
cuando en la dentadura
sientas un arma.
Sientas un fuego
correr dientes abajo
buscando el centro.

Vuela niño en la doble
luna del pecho.
Él, triste de cebolla,
tú, satisfecho.
No te derrumbes.
No sepas lo que pasa
ni lo que ocurre.

ACEITUNEROS

Andaluces de Jaén,
aceituneros altivos,
decidme en el alma: ¿quién,
quién levantó los olivos?

No los levantó la nada,
ni el dinero, ni el señor,
sino la tierra callada,
el trabajo y el sudor.

Unidos al agua pura
y a los planetas unidos,
los tres dieron la hermosura
de los troncos retorcidos.

Levántate, olivo cano,
dijeron al pie del viento.
Y el olivo alzó una mano
poderosa de cimiento.

Andaluces de Jaén,
aceituneros altivos,
decidme en el alma: ¿quién
amamantó los olivos?

Vuestra sangre, vuestra vida,
no la del explotador
que se enriqueció en la herida
generosa del sudor.

No la del terrateniente
que os sepultó en la pobreza,
que os pisoteó la frente,
que os redujo la cabeza.

Árboles que vuestro afán
consagró al centro del día
eran principio de un pan
que sólo el otro comía.

¡Cuántos siglos de aceituna,
los pies y las manos presos,
sol a sol y luna a luna,
pesan sobre vuestros huesos!

Andaluces de Jaén,
aceituneros altivos,
pregunta mi alma: ¿de quién,
de quién son estos olivos?

Jaén, levántate brava
sobre tus piedras lunares,
no vayas a ser esclava
con todos tus olivares.

Dentro de la claridad
del aceite y sus aromas,
indican tu libertad
la libertad de tus lomas.

EL SUDOR

En el mar halla el agua su paraíso ansiado
y el sudor su horizonte, su fragor, su plumaje.
El sudor es un árbol desbordante y salado,
un voraz oleaje.

Llega desde la edad del mundo más remota
a ofrecer a la tierra su copa sacudida,
a sustentar la sed y la sal gota a gota,
a iluminar la vida.

Hijo del movimiento, primo del sol, hermano
de la lágrima, deja rodando por las eras,
del abril al octubre, del invierno al verano,
áureas enredaderas.

Cuando los campesinos van por la madrugada
a favor de la esteva removiendo el reposo,
se visten una blusa silenciosa y dorada
de sudor silencioso.

Vestidura de oro de los trabajadores,
adorno de las manos como de las pupilas,
por la atmósfera esparce sus fecundos olores
una lluvia de axilas.

El sabor de la tierra se enriquece y madura:
caen los copos del llanto laborioso y oliente,
maná de los varones y de la agricultura,
bebida de mi frente.

Los que no habéis sudado jamás, los que andáis yertos
en el ocio sin brazos, sin música, sin poros,
no usaréis la corona de los poros abiertos
ni el poder de los toros.

Viviréis maloliendo, moriréis apagados:
la encendida hermosura reside en los talones
de los cuerpos que mueven sus miembros trabajados
como constelaciones.

Entregad al trabajo, compañeros, las frentes:
que el sudor, con su espada de sabrosos cristales,
con sus lentos diluvios, os hará transparentes,
venturosos, iguales.

ELEGÍA

*(En Orihuela, su pueblo y el mío,
se me ha muerto como del rayo
Ramón Sijé, con quien tanto quería.)*

Yo quiero ser llorando el hortelano
de la tierra que ocupas y estercolas,
compañero del alma, tan temprano.

Alimentando lluvias, caracolas
y órganos mi dolor sin instrumento,
a las desalentadas amapolas

daré tu corazón por alimento.
Tanto dolor se agrupa en mi costado,
que por doler me duele hasta el aliento.

Un manotazo duro, un golpe helado,
un hachazo invisible y homicida,
un empujón brutal te ha derribado.

No hay extensión más grande que mi herida,
lloro mi desventura y sus conjuntos
y siento más tu muerte que mi vida.

Ando sobre rastrojos de difuntos,
y sin calor de nadie y sin consuelo
voy de mi corazón a mis asuntos.

Temprano levantó la muerte el vuelo,
temprano madrugó la madrugada,
temprano estás rodando por el suelo.

No perdono a la muerte enamorada,
no perdono a la vida desatenta,
no perdono a la tierra ni a la nada.

En mis manos levanto una tormenta
de piedras, rayos y hachas estridentes
sedienta de catástrofes y hambrienta.

Quiero escarbar la tierra con los dientes,
quiero apartar la tierra parte a parte
a dentelladas secas y calientes.

Quiero minar la tierra hasta encontrarte
y besarte la noble calavera
y desamordazarte y regresarte.

Volverás a mi huerto y a mi higuera:
por los altos andamios de las flores
pajareará tu alma colmenera

de angelicales ceras y labores.
Volverás al arrullo de las rejas
de los enamorados labradores.

Alegrarás la sombra de mis cejas,
y tu sangre se irán a cada lado
disputando tu novia y las abejas.

Tu corazón, ya terciopelo ajado,
llama a un campo de almendras espumosas
mi avariciosa voz de enamorado.

A las aladas almas de las rosas
del almendro de nata te requiero,
que tenemos que hablar de muchas cosas,
compañero del alma, compañero.

(10 de enero de 1936)

ÍNDICE